仕事も人間関係も
うまくいく
引きずらない力

不執著
的練習

別對每件事
都有反應
2

枡野俊明
Shunmyo Masuno

學習不執著，過得更快活，
擺脫無謂的工作與人際關係！

多數人的心情鬱悶，大致上可分成以下三種類型：「對自己的所作所為，或是說出口的話，感到後悔、耿耿於懷」、「總是過度杞人憂天，且裹足不前」、「對所有事都感到不順心，內心焦慮煩躁，動不動就火冒三丈」。

人會因某些原因而產生出這些負面情緒，也是無可厚非，畢竟情緒就是會自然湧現。不過，若自身被負面情緒所「牽絆」，那就不是件好事了。

若負面情緒在心裡停留太久的話，只會消耗我們前進的能量，而解決方法只有一個——那就是，培養「**擺脫力**」。

佛教說：「**前後際斷**」，這句話出自道元禪師的著作《正法眼藏》，其原文是這麼寫的──

「薪燃成灰，不再為薪。雖然如此，不應見取灰在後而薪在前。應知薪住於薪之法位，雖云薪前灰後，卻是前後際斷。」

其含意是指，木柴變成灰燼後，再也無法還原成木柴。木柴在木柴時是木柴，在灰燼時就只是灰燼。前際（過去）與後際（未來）斷開，看似相關又各自獨立，看似各自獨立卻也相關。

因此，我們可解讀成「**總的來說，人生就是活在當下。過去、現在、未來看似相連，實則各自獨立。別放不下過去，別擔憂未來，專注凝視現在，全力以赴做好此刻能做的事即可**」。

沒錯！道元禪師所強調的，正是擁有「擺脫力」的重要。

然而，「前後際斷」又該怎麼做呢？

本書會從禪宗的角度，為各位介紹其中的訣竅。
比方說，本書中所說的「一舉一動，都要用心
謹慎去做」。

請各位試著回想看看，當遭遇到痛苦、難受的
事情而無法釋懷時，言行舉止是否就容易忘了
規矩？是不是彎腰駝背、臉色難看、說出口的
話很消極呢？
事實上，這樣只會導致情況更加惡化，也因此
才需要「前後際斷」。

姿勢端正面向前方、遇到人就發自內心行禮如
儀、以宏亮的嗓音問候、謹慎對待每樣物品，
說真心話、吃飯時感謝眾生犧牲生命——**正所
謂「由形入心」，也就是「禮導形，形入心，
心正身」**——只要照著做，心自然而然就能夠
專注於「當下」。

此外，在心態上還有一點相當重要——那就是
「對事物不執著」。

對於過去的事情感到不甘心，或是被各種欲望
纏身，甚至害怕失去自己現階段累積的地位、
名聲、人氣等等，這些全都是「執著」惹的禍。

**無論好事或壞事，只要對事物執著，必然會產
生「牽絆」，所以才需要「前後際斷」。**

請各位試著唸出「本來無一物」這句禪語。意
思是，人原本就是赤身裸體來到世上。
當自身能夠注意到這一點，心才有辦法從頑梗
帶來的重重束縛中解脫，彷彿乘風飄盪於空中
的雲朵般自由。

由此可知，**養成「不執著的擺脫力」，內心才
有辦法不為小事發怒、不因瑣事受傷。**

其好處在於，我們能把五感變得遲鈍，並進一步將心中的負能量轉成正能量。

換句話說，「擺脫力」可以幫助我們讓低潮期快速縮短，並且擁有積極活下去的技能。

在下由衷希望各位能夠以此作為武器，在現代社會開朗、堅強且變通地活著。

阿彌陀佛！合掌！

建功寺方丈　枡野俊明

第一章

簡化「人際關係」

瞬間消除憤怒、不滿、嫉妒的祕訣

換個方式看待「工作煩惱」

第二章

忙碌、出錯、沒成果也無妨

第三章

成功的身心「重置法」

今天起「想要開始」、「想要停止」的事

第四章

看禪語學習「切換力」
清爽慢活的人生提示

第一章

簡化「人際關係」

瞬間消除憤怒、不滿、嫉妒的祕訣

OO1

別人是別人，
自己是自己。

—— 人際關係的基本原則 ——

人是獨立個體，不論長相、身形、個性、能力等都不一樣。

世上沒有人完全一樣，即使是相同父母生下的手足，甚至是雙胞胎，也不會是一模一樣。

禪宗稱這種情況為：「宇宙無雙日，乾坤只一人。」意思是，宇宙中不會有兩個太陽，自己就是天地古今、天地之間的唯一存在。

每一個人都是獨立的個體，容貌、體格先別論，個性、能力、嗜好、價值觀必定不會相同。

然而，為什麼還是有許多人，當他人的想法、舉止與自己大相逕庭時，就彷彿對方犯了滔天大罪般，感到憤怒且不斷抱怨：「那人到底有什麼毛病？」

事實上，只要認清每個人都不同，就不容易產生不滿的負面情緒，也不會亂發脾氣。只要能認同「每個人理所當然不一樣」，人際關係也比較不會出問題。

若以當代的觀念來看的話，就是所謂的「尊重多元性」。

○○2

生氣就輸了。

—— 即使生氣，也不與無禮的人爭執 ——

成為「右耳進，左耳出」、不輕易生氣的聰明人。

道人是非、讓人瞧不起、被雞蛋裡挑骨頭、聽到別人說話沒禮貌時，不免會想動怒，自尊心也會受傷，不解自己為什麼要被人如此貶低。如果覺得對方太不講理，就會忍不住想要回嘴埋怨，有時甚至演變成爭論或打架。

儘管如此，還是要學習不動氣。即使很困難，但「右耳進，左耳出」才是聰明人的做法。

原因一，是做出失禮、不合宜舉動的當事人，往往沒有自知之明；與這種人相爭，只是徒勞氣力、浪費時間，而且對方也不痛不癢。

原因二，是容易感到自卑或有弱點的人，只要被說中痛處，瞬間會惱羞成怒。這時必須想辦法忍住怒火，試著深呼吸並切換情緒，告訴自己：「如果真的發火就中了對方的圈套。一定要忍下這股憤怒，當作今後反省的目標。」

無論如何都要記住，面對不當的失禮行為時，「一旦生氣就輸了」。

003

欣賞不同之處。

—— 原來也可以那樣想 ——

大相逕庭的人事物，能夠拓展視野。

嘗試前往沒去過的地方來一趟旅行，你將會發掘出不一樣的新發現。

「這樣的風俗習慣竟然已經傳承幾百年了」、「這種食材原來還有這種吃法」、「這裡至今仍演奏這種音樂、跳這樣的舞蹈」等諸如此類。即使是資訊發達的時代，還是有很多事物得實際前往當地才能體驗。

當遇到「不同」時，你會因為「與所知的文化不一樣」、「在自己國家沒有這種想法」等就生氣嗎？反而應該要對這樣的「不同」感到有趣吧！

事實上，與人往來也是如此。世上存在著各式各樣的人，當有「這裡不一樣，那裡也不一樣」的感覺時，別急著否定這種「差異性」，何不切換成欣賞的角度，讓自己的視野更寬廣。

當接觸的人愈多，就愈能累積自己過去不曾擁過的「觀點」。而與人往來的妙趣，就在於「欣賞不同的差異」。

○○4

遠離被情緒操控的人。

—— 失控的人無法掌控自己的人生 ——

假如你也是易怒的人，請先撫心自問。

不論是在職場、家庭、朋友，或是認識的人之中，都存在著易怒的人。當中有些人就算只是一點小事，情緒也會爆炸，讓你不禁懷疑他身邊是不是埋了大量的憤怒地雷。而且還會讓身邊的人感到相當困擾，因為不知道地雷在哪裡，只能膽顫心驚地與他來往。

由於無法控制對方，最妥善的辦法，就是保持距離以策安全。

每個人都有可能變得易怒，我們必須將易怒的人當作負面教材，時時提醒自己：「別遷怒到周遭的人！」

因此，到底應該怎麼做呢？首先，試著回想看看，自己之所以變得容易發火，是不是在很累的時候？

一旦身體疲憊，精神狀態就會變得格外敏感。若將注意力從心切換到身體，並先排解身體疲勞，就能夠控制住心中莫名的憤怒情緒。這一招真的十分有效喔！

005

率先失去冷靜就輸了。

—— 讓對方「失去戰意」的訣竅 ——

爭執時，一邊在心中想著「才不會上當」，一邊迴避。

經常看到摔角選手站在擂臺上，朝對方豎起手指，像是在說「放馬過來」的挑釁場面。這是一種故意激怒對手、在比賽中取得優勢的策略。

人際關係中也有類似的情況。有些人會故意做些惹人厭的事，企圖把局勢帶往對自己有利的方向。還有人是喜歡看到對手生氣、恐懼等反應。因此，即使他人主動惹起爭端，也別理會。

總而言之，當別人挑撥時別上鉤，否則一旦火氣上來，衝動地站上與對方同樣的擂臺，這時對方早已做好準備，你就只能被耍著玩。

當下次遇到挑釁時，不妨拖著長音回答：「什麼？你說什麼？再說一遍？是 ── 喔！這樣啊 ── 然後呢？」如此一來，對方也會喪失鬥意，迅速退出擂台。

對於容易被激怒的人，日本江戶時代的人，常會用一句「才不吃你那套！（その手は桑名の焼きはまぐり）」的諺語來化解！

оо6

莫說壞話、莫聽讕言。

—— 悄悄離開現場才是良策 ——

在自己四周打造「誇獎小圈圈」。

「講人壞話」是會愈聊愈起勁的，猶如散發著甘甜蜂蜜香氣，吸引著人不由得加入。

當槍口瞄準的是風評很好的人，就更引人好奇：「那個人其實很糟糕嗎？」令人忍不住想參與其中。若抨擊的對象是平常不怎麼喜歡的人，甚至還會覺得：「很好，那我也來摻一腳，讓『批判』的氣氛更加熱絡。」

聽到批判後，自己會想說別人壞話，這也代表，在其他地方必然也有人正在議論你。

假如忍不住想加入「批判小圈圈」，就嘗試看看用以下的方式來轉換心情——找出對方的「優點」，並打造出「誇獎小圈圈」！

不管是風評多麼差勁的人，一定也會有優點，想辦法稱讚對方的長處即可。這樣做不僅能夠消除心中的煩悶，也能令對方的心情好轉。從結果來看，還能夠提昇彼此的「人品等級」。

007

怒氣應暗自排解。

—— 不論是吶喊、寫在紙上都可以 ——

把情緒切換到「安穩模式」的訣竅。

「不遷怒到其他人身上、不讓現場氣氛變得劍拔弩張，人際關係也不會荊棘遍布。」從這層意義來看，憤怒最好要隱忍下來，不宜當場就表露出來。

然而，隱忍的怒火，也要小心別累積太多。假如沒有適當地釋放心中的憤怒，很容易會因為一點小事就大爆發。最好的方法，是盡快找機會排遣不滿的情緒。

方法一，是「吶喊」，像是對著大海或在無人的深山等地方，怒吼：「王八蛋！氣死我了！」或是在家裡一邊大聲播放音樂，一邊連珠砲似地抱怨。

方法二，是「想到什麼就寫下來」，把自己的懊悔、不甘等全都寫下來；而將憤怒轉換成文字，也能夠讓心冷靜下來。

只要透過吶喊或寫字，就能夠紓解憤懣的負能量，把心情切換成神清氣爽的「安穩模式」。

008

發怒時，
要「乾淨俐落」。

—— 最不好的就是「囉唆個沒完」 ——

最重要的，是能夠立刻切換成笑容。

烏鴉的叫聲聽起來像在哭，也彷彿在嘲笑人。或許是因為有這種比喻，所以日本人看到原本在哭的孩子轉眼間破涕為笑時，會諷刺地說：「本來在哭的烏鴉，恢復笑容了。」*

首先，沒有人喜歡挨罵，何況是持續聽幾十分鐘、幾小時的抱怨，別說反省，根本只會招來怨恨。站在挨罵者的立場，甚至有可能會因而惱羞成怒：「我已經聽懂了！你何必一直碎唸個沒完！說夠了沒！」而罵人者往後只會遭人厭棄、避之唯恐不及。

因此，要懂得「快刀斬怒火」。不管是部屬、小孩、朋友做了什麼，都要記得「當下」短暫俐落地發火完畢，旋即由怒轉笑。這樣才能更有效地讓對方反省，也不會招致怨恨。

此外，別老是針對同一件事生氣，這種動怒的成效幾乎為零，請務必小心。

---

* 注：日本諺語「いま泣いた烏がもう笑った」，用來描述剛才還在哭泣的人，很快就恢復心情，露出笑容。多用於形容孩子等情緒波動大的人。

009

任誰也都有理由。

—— 不願傾聽，將眾叛親離 ——

不能只顧著「自說自話」。

生氣的人最常的一句話:「別找藉口!」其實對方沒有打算聽你解釋,或許火氣一上來,就沒有多餘的心力顧及其他。

做錯了事,不管有什麼理由,的確都應該坦蕩蕩地面對。找藉口等行為,只會讓人認為在避重就輕,不想負責任。

然而,有些情況我們也必須體諒做錯事的人:「也許是有什麼原因吧?」否則挨罵的人,只會強烈覺得自己「這罵挨得不合理」。

舉例來說,當事情發生時,可以先保持「傾聽」的態度,反問:「這不像是你會做的,發生了什麼事?」先聽過一遍來龍去脈,同時也讓自己冷靜下來,接著再好好跟對方講道理。我相信比起只顧著罵人,這種說教方式對方更容易聽進去。

特別是現在這時代,在職場上發脾氣,尤其容易被判定是「權勢騷擾」。因此,請先聽聽對方的說詞,同時也提醒自己「生氣就輸了」。

010

找到彼此妥協的空間。

—— 懂得考慮對方的立場 ——

改變視角，就是邁向「理解」的第一步。

每個人都有各自的立場，依不同場合也有所不同。在家庭裡有父親、母親、孩子等立場；在職場裡有上司、下屬、同事、前輩、後輩等配合職位與在職時間長短的立場；在生意往來關係上，上游與下游廠商的立場也不同。

無論是何種人際關係，都有一個重要的共同點，就是往來時要顧慮對方的「看法」。如此一來，即使自己難以接受對方的行為，也能理解其反應是來自於他的觀點。

舉例來說，當客戶提出嚴苛條件時，可以試著轉念：「他努力想要提昇公司的獲利率，也很辛苦吧！但我方也不可能照單全收。向對方坦白這點，再來找出雙方都能接受的折衷方案。」如此就能從理解對方開始進行交涉。

就像這樣，察覺出對方是背負什麼樣的責任與自己面對面，才能夠讓後頭的交涉與對話更順利。在此前提下，就有辦法站在對方的角度來思考，並減少無意義的爭執，雙方也更容易找出妥協的空間。

011

不要擅自期待。

—— 淡然接受任何結果 ——

懷抱期待時，請把結果從腦海中抹去。

當對人說：「我很看好你喔（期待你的表現）！」本身是好意，意思是希望對方全力以赴。而聽到這話的人也會受到鼓舞，心想：「好，我會加油！」這種情況最具代表性的例子，就是代表國家參加世界盃或奧運的運動員們。全民萬眾一心期待選手們的表現，而選手們也將那些鼓勵轉換成自己努力的能量。

另一方面，期待也會帶來壓力。假如無法出現眾所期待的結果，期待的人或許會感覺遭受背叛，當中甚至有些人還會酸言酸語。

說起來，這些人是自己單方面在期待罷了，只要不如預期，就認為被辜負了。這未免也太自以為是了吧？被加諸期待的人也很想反駁說：「我不記得有拜託過你期待我的表現！」最後恐怕演變成雙方互相討厭的局面。

當對人說完：「我十分看好你的表現，請盡力而為。」不管結果如何，只要淡然接受就好，並簡單地說出「你已經盡力了」、「真的很可惜」不也很好嗎？

012

「不遠不近」
是最舒服社交距離。

—— 良好人際關係的祕訣 ——

交情再好，也不要太黏人。

兩人才剛認識就意氣相投、成為朋友的情況不足為奇，也會讓人感覺彼此很快就縮短了距離。儘管如此，假如三不五時要跟對方見面、幾乎無時無刻都黏在一起，你會有什麼想法？我認為最好別這樣做。

太過緊迫盯人的交往方式，在縮短彼此心靈距離的同時，也很容易將人際關係變得複雜。

比方說，一旦對方沒有按照自己的想法行動時，可能就會動氣：「我們是好閨蜜，為什麼不懂我的心？」或者只是稍微減少見面的次數，便感到不滿並埋怨：「難道還有比跟我見面更重要的事？」這類問題倘若頻頻發生，關係也難以持久，最後往往會演變成「明明曾經那麼親密，最後卻互相憎恨，甚至絕交」的情況。

相較之下，不遠不近、保持某種距離的交往，亦即「君子之交淡如水」，才能夠永續。請記住，總是黏在一起並不等於親近。

013

對方也很忙。

—— 多站在他人立場想 ——

老愛炫耀自己很忙，其實很丟臉。

當今世道忙碌的人滿街都是，卻有不少人老愛表現得彷彿只有自己特別忙似的。這些人喜歡大聲對旁人宣稱：「我好忙喔！」只要有人來搭話，就會突然發脾氣說：「我很忙，去找別人，別再來增加我的工作量！」或者當有人問起哪天有空，這種人會表示自己這天要做什麼、那天要做什麼。

他們強調的方式五花八門，不過大致上就是在「炫耀自己很忙」，甚至還會認為「忙碌就表示自己很活躍、證明自己很受歡迎」，更有人會覺得「承認自己有空」很丟臉。

真是這樣嗎？有沒有可能只是不懂得規劃進度、工作方式缺乏效率、做事速度太慢，所以才弄得自己很忙碌？又或者只是方便的藉口？假如是這樣的話，吹噓自己很忙的行為，反倒顯得相當丟臉。

請銘記在心，忙的人不是只有你。先不說你忙的事情不值得一提，何況忙也沒什麼好炫耀的。

014

扔掉沒必要的自尊。

—— 成功已是「過去式」——

值得自豪的是「今天的自己」。

對自己的行為、工作感到自豪是很重要的。能夠覺得驕傲，就不會讓自己的人生蒙羞，也可以誠心誠意為了世界、為了世人而工作。

莫名其妙的自尊心，就只是毫無用處的長物。

舉例來說，一副狐假虎威的模樣，那態度彷彿在說：「我跟你們這些人不同！」或是沒實力卻愛炫耀學歷並說著大話：「那不是我應該做的工作！」又或者退休的高齡者仍然在說：「我就是用這種方式達到驚人的數字，完成一件重要的企劃案。」強迫年輕一輩接受自己過去的做法。

這種自尊心不是自豪，而是傲慢。

為了避免混淆，在無謂的自尊心似乎要衝出來時，請試著反問自己：「此刻的心情，是出於自尊心嗎？我感到自傲的成就，是否已成為過去式了？」

O15

別沉溺在
自己的「正義」。

—— 傳達正確的事情，更需要謹慎 ——

提醒自己，不斷質疑自以為是的認知。

有時即使知道某人說的話「合乎道理」，我們也無法接受，甚至想反駁：「你說得沒錯，只是有些脫離現實。」

事實上，有不少人會因為「說出正確的意見」而被討厭。我們不會知道他人怎麼看待我們自認為「正確，這就是正義」的想法，因為每個人對於正義的解讀不同。一味地高聲主張自己的正義，必然會招致反感，這就像在火上加油。

想避免引發紛爭，最重要的，就是要「質疑自己所相信的正義」。

首先，簡單說明「我是這麼認為。」、「我想到這個好點子。」接著尋求眾人的意見「各位怎麼想呢？」如此這般，其他人會更願意敞開心胸聆聽，自己也更容易能得到其他見解。

凡事從不同的角度熱絡交換意見，才能夠達到更理想的結果。

016

其實所有人都很幼稚。

—— 徹底領悟所謂「大人的風格」——

每一個大人都需要學習「更成熟些」。

有些人會拐著彎罵人說：「你成熟點！」、「用成年人的方式判斷⋯⋯」不過，仔細探究背後含義，就是「你已不是孩子了，別不識時務」，或是「別只想到自己，看一下場合」等。

那麼，「成熟」又是什麼意思？我們試著拿孩子來對比看看。
「孩子無法按照自己想法進行時，就會鬧彆扭。」
「孩子的情緒多變，心情不好就會遷怒。」
「孩子想得太淺，容易因粗心大意而失敗。」
「孩子考慮得不夠充分，傷人卻不以為意。」
「孩子經常打亂現場的和睦氣氛。」
但，作為大人並不會這樣。

如何？請各位重新自我確認，是否發現自己其實出乎意料的「幼稚」？

真正的大人風格，是指「言行舉止尊重對方的想法與見解」。採取這種姿態，大人與大人之間才能夠彼此達成共識，建立良好關係。

017

別對他人的缺點
猛烈攻擊。

—— 學習放寬標準 ——

努力做到「和顏悅色施」。

即使對對方沒有好感，也應該注意別過度雞蛋裡挑骨頭，請以更寬容的態度，試著找出對方的優點。因為當自己的缺點、弱點遭人非議時，必定會感到難過；尤其批評者若帶著惡意，被批評的一方會更加沮喪。

話雖如此，有些場合反而是指出對方的缺失，才是親切的做法。畢竟留意到自己的弱點，才能夠成長。

所謂的「放寬標準」，就是指要「給對方正當的評價」。

問題在於「怎麼說」？同樣的話，笑臉著說與臭臉著說，接收到的訊息感受完全不同。看到笑臉時，對方會敞開心胸；反觀板著臉或怒氣沖沖時，對方就會緊閉心門。

佛教中的「和顏悅色施」，是指沒有財富也能做的七種布施之一。吝嗇給予笑容，是人際關係上禁止的行為。

018

放下「自卑感」。

—— 不要妄自菲薄 ——

停止與人「比較」。

所有人都有自卑感。即使是旁人眼中才華洋溢的人、即使是人人口中品格高尚的人、即使是相貌出眾的人，都會有一兩處自卑的地方。儘管自慚形穢，但在別人眼中多半會疑惑：「搞不懂你為何要對這種事情自卑？」

舉例來說，我認識一位身高一九〇公分的男演員，他卻對身高感到自卑，甚至認為：「如果再矮個十公分，我能夠演的角色就更多了。」聽到他的這種煩惱，許多希望自己能再長高一點的人，想必無法想像吧！

自卑感的來源，就是這麼含糊，僅是與某人或某物相比的「優劣」判斷，所產生的感覺而已。然則其中最要不得，就是「自暴自棄」。

因此，差不多該停止比較了！只要不再到處較量，自卑感造成的妄自菲薄、優越感帶來的傲慢，全都會消失。

019

「人望」比「人氣」更重要。

—— 出人頭地者的共同點 ——

社群平臺的功與過。

愛出鋒頭的人在有群眾的場合，他們總是會厚著臉皮站出來，毫不客氣地想要掌控全場。經由社群平臺的推波助瀾，「做些與眾不同的事，就能一口氣衝上人氣王的寶座」這股風潮更是顯著。如今是「全民皆媒體」的時代，很多人會刻意做些引人關注的事。

然而，這樣的人是否擁有「人望」，則是另當別論。事實上，世人的看法更偏向「刻意贏得掌聲的行為並不值得信賴」、「需要那麼浮誇，證明他對自己缺乏自信」等，並不怎麼認同這些網紅的作為。更有人過度強調自己，反而招人反感。

相較之下，外貌言行舉止都很普通、持續腳踏實地做好自己該做的事且不出錯的人，比較值得信賴。再者，有些人努力累積成績，最終成就一番事業，言行卻仍然謙虛，這才能夠得到更多的「人望」。

若想要成為承擔重任的人物，最需要爭取的是「人望」，而不是「人氣」。

O2O

拿掉好人面具。

—— 人際關係會更輕鬆 ——

「素顏」比「面具」更有意義。

你是否希望，自己在別人眼裡是「好人」呢？

若是如此，最好放棄這個的念頭。因為成為「人人眼中的好人」，就必須在每一個接觸的人面前「扮演好人」才行。

每個人心中定義的好人皆不同，光是想像要配合那麼多人，把自己變成對方眼中的好人，就感到精疲力盡。為了迎合對方而戴上了「好人面具」，就跟擅長易容的怪盜沒什麼兩樣，最終將會迷失自我。

察覺自己有好幾張「好人面具」的人，請盡快扔掉所有面具，轉換心態改以「素顏」示人。

周遭的人與個性明確的你相處之後，更能夠加深對你的理解「原來他是這麼想的」、「原來有這種喜好」、「原來擅長這些」。

021

競爭要秉持
「輸就是贏」的精神。

—— 禮讓他人 ——

成為「被眾人往前推」的人。

一般人在搭電梯或排隊時，只要時間不是很趕，並不會爭先恐後。我相信多數人都會優先禮讓別人，這樣才不會發生不必要的糾紛。

場景如果是在職場，情況就有些不同了。許多人為了出人頭地，不惜扳倒其他人，只求自己上位。企業之間搶訂單時，業務們也多半是爭先恐後、想方設法要提高業績數字。這種場合，很難保持優雅的態度說：「你先請。」

然而，實際情況又是如何呢？事實上，公司裡步步高升的人，比起顧慮自己，他們大多都更想要推著所有人前進。業績好的業務，肚量甚至大到不管是不是自家公司的產品，只要顧客需要都會推薦。

不惜把人推開也要擠向前的人，自然得不到人望。而在身後力挺眾人的人，才會成為「被眾人往前推的人」。

022

小事別放在心上。

—— 別忘了，抬頭仰望天空 ——

讓「心靈天氣」轉陰為晴的方法。

老是在抱怨的人，內心必定烏雲遍布，視野也會逐漸狹隘，最後陷入完全看不見前方的窘境。如果不找回寬闊、開放的心態，就會一直覺得看什麼都不順眼。

那麼，該怎麼做才能讓「心靈天氣」轉陰為晴呢？其祕訣就是，抬頭仰望無邊無際的藍天。

平常走路時，都只顧著看手機或腳下；工作時，視線多半只盯著電腦螢幕。多數人在一天之中抬頭仰望天空的次數，甚至連一次都沒有，就是這樣心胸才會愈來愈狹窄。

請各位就當作是被我騙吧！現下就試著仰頭看看天空，重新提醒自己「我的心胸是多麼狹小啊！我的心胸應該要更寬闊些！」漸漸會開始覺得，抱怨與不滿都無所謂了。

此外，仰望天空，還具有淨化心靈的暢快功效。

023

不花心思在過去。

—— 重要的只有「現在」 ——

就當自己每晚都死過一次。

人經常煩惱「早知道應該那樣做」、「早知道不應該這樣做」、「早知道不要說那種話」。不管多後悔,都無法回到過去,而懊惱的人始終都在用過去犯下的錯誤傷害自己。

像這樣無法斬斷對過去執著的人,可以試著採用「每天都會死」的思考模式。

日本室町時代(1336～1573年)某位高僧每天晚上都會舉行「自己的葬禮」。他說:「今日的我譬如今日死。」每天晚上都藉由埋葬今天的自己,當作過去已死。

做到這種程度,就能夠斬斷對過去的執著。禪宗經常只想著「活在當下」,主張「過去是過去,人只能活在現在」,就是傳遞活在當下很重要。

每個人都會遭遇各種失敗或後悔,唯有反省憑弔過往,才能夠利用昨日的經驗孕育明天。

O24

別過度在意外表。

—— 你以為別人都在看你，但其實沒有 ——

何不讓自己成為「有韻味」的人。

外貌當然不應該輕忽，多注意穿著和表情，避免令人感到不快很重要。某些程度來說，也需要用心化妝、打理，努力遮掩缺點。

只不過，如果連臉太大或太長、眼睛太小、鼻子太塌、腿太短等，因遺傳造成連自己也無能為力的部分都在意的話，這樣真的好嗎？

煩惱外貌的人，首先要拿掉「別人在看我」的假設，進而察覺到其實「別人沒有我想像中那麼在意我」。這麼一來，自然就會明白「在意別人怎麼看我」是沒有意義的。

此外，請提醒自己，千萬別「空有一張臉，卻缺乏內在涵養」。有內涵的人，外貌會隨著年齡增長而變得更有韻味。

領悟這就是魅力所在，就能夠減輕對於容貌的焦慮感。

O25

「理所當然」的幸福，
並非理所當然。

—— 等到失去才發現已經太遲 ——

沒有什麼比「理所當然」更值得感恩。

我們靠呼吸活著，卻沒人想到要感謝空氣；我們總是要等到生病後，才發現健康的重要；我們經常等到父母、朋友等過世後，才重新體認其存在是多麼值得感恩。這些情況全都是，因為一直認為「○○的存在是理所當然」。

別等到那份「理所當然」消失了，才領悟它的重要，必須切換觀念認知到──「理所當然」所帶來的幸福，並非天經地義。

釋迦牟尼提過「四馬喻」，以馬兒對鞭子的敏銳程度來比喻人的無常。
「最聰明的馬，一看到鞭子的影子就知道要動。第二聰明的馬，鞭子快碰到尾巴便明白要動。第三聰明的馬，鞭子打到身上才了解要動。第四種馬，被鞭子打到痛徹骨髓才會動。」

假設鞭子就是人的死亡，這段話可解釋為「雖然我們不知何時會死，卻經常把死放在心上；感謝現有這些理所當然的幸福，並且珍惜人生而努力活著」。真是寶貴的訓示啊！

第二章

換個方式看待
「工作煩惱」

忙碌、出錯、沒成果也無妨

026

「失敗」是挑戰過的證明。

—— 工作不過是人生的一部分 ——

心甘情願接受失敗，別畏懼。

不論是工作或生活，在我們的人生中，必然都會遭遇失敗。假如有人從未失敗過，就表示這個人沒有起身做出任何行動，甚至不曾活著。

失敗，正是一個人活著的證明。工作上也是如此，做過許多工作的人，經歷過的失敗也愈多。

事情失敗了，那就到此為止。不管有多沮喪，都已無法改變現狀，別繼續浪費時間怨嘆。請轉換思維「失敗是過去，無法修正」，同時好好地反省「為什麼失敗？」、「哪邊做不好？」就夠了。

懂得透過這種方式抽絲剝繭找出問題點，制定改善策略，避免重蹈覆轍；失敗就能成為未來的養分，幫助自己成長，能力也會更加精進。

工作最重要的是，別過度恐懼失敗，但也別忘了謹慎行事。

O27

「不完美」是理所當然。

—— 有點鬆，才恰到好處 ——

「完美主義」只會累死人。

在進行任何事情之前，充滿幹勁地說：「我要做到最完美！」固然是好事，但太過追求完美，只會累垮自己和身邊其他人。

假如連一點差錯都無法容忍，就必須隨時留意細節，同時想著「不容許出錯」，身體會因太過緊張而不自覺緊繃，最後導致身心疲憊不堪。

當感到身體變得有些僵硬時，就放鬆肩膀，做一回深呼吸，告訴自己：「盡力做到最好就好。」如此身心會瞬間切換到放鬆模式，原本讓你動彈不得的「束縛之繩」也會稍稍鬆開，帶來恰到好處的緊繃感。

不管多小心，還是不免會有哪裡欠缺、疏漏，此乃人之常情；另一個角度來想，反而比較有人性。

若有疏漏時，只要重新來過就好，沒有過不去的坎。

028

工作減半，硬撐沒意義。

—— 與自身「容量」打商量 ——

光是要做完就已耗盡心力，
品質當然會下降。

不少人手上總有忙不完的工作，這可能有兩種原因：一種是無法拒絕委託，漸漸就愈接愈多；另一種則是進度太慢，不知不覺就累積了一堆工作。

不管是哪種情況，最重要的是「認清自己的容量」。當你認為「容量已經七分滿」，就最好別再接受新任務。適時丟出求救信號，一點也不丟臉。

無論工作速度快或慢，當超過自己能承受的工作量，人往往就會隨便應付。時間充裕的話，能夠以最高品質完成任務；若工作量滿到應接不暇，品質自然也必須下修三成，假如繼續勉強做下去，就有很高的機率會出錯。

「減半」是剛好的參考標準。過度勉強自己超量工作，累垮了身體，甚至精神壓力太大，那就本末倒置了。

O29

全力以赴後，聽天命。

—— 這是最理想的風格 ——

大前提是「盡人事」。

所謂的「信佛（相信佛陀）」，就如同日本神道的「百次參拜」。意思是，先執行能做的部分，接下來的情況就不是自己能夠左右的，所以交給佛陀。

換一種說法，便是「盡人事，聽天命」。對於目標必須全力以赴，若沒有竭盡全力，自然不會出現好結果。因此，就算是「信佛」，最重要的還是「自己必須先盡可能不遺餘力」。

如果說怎麼努力也努力不完，當到達某個程度時，必須自己判斷「已經毫不保留了，就到此為止」。做出這個決定之後，要徹底禁止再去回想：「我還有什麼能做的？」、「我是不是還不夠努力？」將一切都交給上天決定。

自己毫不保留地付出一切努力，老天爺絕對不會坐視不管。儘管不確定什麼時候才會發生，但請相信一定會有好結果。

030

迷惘時，回到起點。

—— 這是不變的原則 ——

是否忘記了「工作的目的」？

經常聽到「爬山迷路時，就退回原路」的說法。迷路時，若繼續亂走，會更加搞不清楚自己的所在位置，提高遇難的風險。

工作也是如此。即使一開始設定了目標，只要數字不見起色，或上司給出各式各樣的指示，或被客戶刁難，漸漸會讓人不知所措。

請先把成績的事擺在一旁，遠離外界的聲音，然後反問自己：「一開始是基於什麼目的、內心有什麼樣的想法，才開始這份工作的呢？」

如果最初的目的是，「希望盡可能讓更多人使用這項商品，滿足其需求，想看到使用者的笑容」，你就會回想起自己的目標，並被使命感所驅動，認為：「儘管希望能達成業績目標，但我追求的不是只有數字。」

站在原地回頭審視，再次認清自己的方向，重新打開「幹勁開關」，就能夠避免迷路。

031

專注在每一場戰役。

—— 「一心多用」會搞砸 ——

向相撲選手學習「切換」的訣竅。

當手上有好幾件工作要處理時，人就會產生被追著跑的焦慮感。「那件事也非做不可、這件事也非做不可」，最後往往會變成，「這件事做一下換下一件、那件事做一下換另外一件」的狀態。

然而，像這樣不上不下的工作方式，反而效率不彰。一件工作做到一半停下來，下次要再繼續時，就必須重新來過，其實非常浪費時間。相較之下，決定好「我先把這件事做完」，專心進行不分神，反而能夠更快完成，而工作的成果也會因專注而更好。

在這一點上，我們尤其應該向運動選手看齊。以相撲為例，賽後訪談的相撲力士們，大多都會異口同聲地說：「今天的勝敗就留在今天，明天起，我會切換至全新的狀態，好好面對每一場比賽。」

最理想的工作方式，就是用「專注在此刻能做的事」的心態去面對。

032

掌握自己最舒服的步調。

—— 勉強只會遭來反噬 ——

處理工作的關鍵，在於步調。

若工作只在乎速度，那事情處理得很潦草或頻頻出錯的風險，也會相對變高。這麼一來，即使提前完成工作，往往必須重來一遍。而且最主要的問題，是壓榨自己的身心。

話雖如此，也不是慢慢來就會做得好。因為時間一多，有些人會無止境地追求完美，思考著「能不能做得更好呢？」於是漸漸迷失了方向，便難以趁勢使力，結果只是徒增工作時間，增加身心壓力。

況且工作的步調因人而異，每個人覺得舒服的方式不同；有些人喜歡快速進行，有些人認為慢工出細活。

最理想的做法，就是按照「自己的步調」。只要能找到自己的節奏，就可以在不逞強的情況下做好工作。

請謹記，「勉強自己必定會被勉強反撲」的道理，身心靈才不會生病。

033

能幹的人
擅長喘一口氣。

—— 預留「樓梯平臺」 ——

休息能夠延長專注力。

欲造訪山頂附近的禪寺或神社時，看到面前聳立著一座綿延上百階的階梯，是不是會忍不住想暈過去？其實在上山的過程，透過休息、往上爬的節奏，比想像中更輕鬆就能抵達山頂。

即使只是短暫的休息，也能夠迅速恢復力氣，維持前進的速度。比起努力不懈，每三十分鐘或每一小時休息一下，更能夠維持高度專注力，也有助於轉換心情。懂得巧妙切換，才能夠避免體力和腦力的疲憊。

就像大樓樓梯間設置的平臺一樣，這現象稱之為「樓梯平臺效應」。走到樓梯平臺稍作休息，不僅能恢復體力，也可以停下來欣賞隨著高度而改變的景色。

工作時別橫衝直撞，在每個步驟的關鍵處，確認目前的狀況，並重新檢視前面的內容，才能夠更從容地看出下一步。而這才是能幹的人必須養成的技能。

034

停止裝模作樣。

—— 真相遲早會曝光 ——

裝帥、裝乖、裝成功等，
只會更快迷失自己。

近年來，社群平臺上盛行某種虛假風氣。例如：大力美化宣傳自己、講究拍照風格以提高發文的矚目程度等。儘管不少人對此感到疲憊，不過「希望大家關注」的欲望，依舊強烈。

事實上，不管如何美化外貌，都無法改變真實的自己，真相遲早會曝光。這不是比秀出實際的自我更丟臉嗎？

現在就停止各方面的「偽裝」吧！不管怎麼做，身邊的人都不會對刻意營造的人設形象照單全收。畢竟大家也沒放那麼多心力，留意你的容貌和舉止。

相當介意旁人目光的人，不妨轉換觀念，並搞清楚「努力裝模作樣」會有多空虛。凡事都以真實的自我去面對，才能夠自在做自己。

035

力氣要花在準備上。

—— 表現平庸全是因為「準備不足」——

結果取決於「開始之前」。

不管是餐飲店或任何設施，你是等到站在自動購票機前，才決定要買什麼嗎？或是直到要結帳時，才拿出現金或信用卡呢？這就是典型的「不會事先做好準備」的人。

各位或許認為這只是小事，但從這些小事就能夠看出人的個性。缺乏「準備力」的人，每次都得等到事情已經起步才行動；在此之前，他們只是浪費時間放空發呆。

在工作上，這就是「能幹 VS 平庸」的分水嶺。以開會來說，不能等到宣佈「會議正式開始」，才來問「今天開會的主題是什麼？」必須事先收集與主題有關的資訊，仔細做好事前調查，整合出自己的意見。

針對一項課題設想各種可能，並做好應付可能提問的準備。假如任何工作的事前準備，都能做到這種地步，才是真正懂得「臨機應變」，最終必定能闖出一番成就。

036

早晨的手忙腳亂
會擾亂工作。

—— 起跑衝刺決定一天的成敗 ——

多睡一分鐘都覺得可惜，早點起床。

經常聽到有人說：「早上很忙。」也有不少人慌忙起床，隨便吃點早餐就奔出家門。每天重複同樣的場景，久而久之或許會覺得「早上手忙腳亂很正常」。

這樣真的好嗎？其實大家只要試著轉換一個心態，就能徹底改變起床時的心情——那就是，從「連一分鐘都捨不得離開床」改成「多睡一分鐘都覺得可惜」。

每天早上都是手忙腳亂的話，好事是不會發生的。房間一團亂，就容易忘東忘西、跌倒受傷等頻出問題，還沒開始工作就已經精疲力盡，一整天的表現更是肉眼可見的差勁。

請努力比現在提早三十分鐘起床吧！這樣不僅能夠從容做好外出的準備，也可以確實記住一整天的規劃，甚至還能在腦中模擬如何行動。

037

結果是其次。

—— 一切都是水到渠成 ——

禪宗並沒有「想要有結果，就必須努力」的觀念。

有句禪門偈語：「結果自然成。」

事實上，禪宗沒有「想要有結果，就必須努力」的觀念，他們主張把眼前該做的事情做完，一點一滴、腳踏實地累積小小的成功，事成之後，自然而然就會帶來成果。

現代社會講求「盡快得到結果」，雖然為此努力下功夫的舉動並無不妥，但如果太過偏重速度，人就會勉強自己增加工作量，甚至可能採取不法的手段，像是收賄、盜用技術或竄改資料等。這就等於是為了盡快得到結果，而犧牲了體力、智力與公正的心。

請各位記住，「結果不是刻意成就，而是水到渠成自然出現」。

若發現自己不知何時已把結果當成了目標，立刻切換思維，提醒自己「一切自然水到渠成」。

038

當個正直的人。

—— 惡行必然會曝光 ——

小惡必定變為大惡，正直並非傻。

東京奧運揭露了一連串的醜聞，各企業的惡行接二連三爆發，像是竄改決算書、偽造保存期限和產地、捏造品質保證的資料、隱瞞車輛招回訊息、職權騷擾、性騷擾等，各種不法惡行每每曝光，都令許多人感到厭惡。

起邪念的人最初或許想得很簡單，「僅是撒個小謊無傷大雅吧？只要別被揭穿就好！」所以明知道不對還是做了。但在多數時候，小惡都會逐漸升級成大惡。

各位一定要牢記在心，「惡行必然會曝光」。因為時代已走向重視遵循法令之路，而且網路社會的不法行事必定會被告發，商業環境也愈來愈講究公平。

隨著認同「正直的人不是傻子」的社會風氣逐漸成形，我們也應該更新自己的認知。

039

人生的痛苦起因於
「要得太多」。

—— 當下，就選擇在這裡發光 ——

此刻所在位置，猶如黃金般耀眼。

你對於現在的工作感到不滿嗎？恐怕有不少人一邊抱怨，一邊想著「我要去更好的公司工作」、「我要做更適合自己的工作」、「我想要更高的薪水、更高的職位」、「在這裡，我無法發揮自己的才華」。坦白說，這些都不過是發牢騷。

禪宗講「大地黃金」，意思是在此刻所在位置全力以赴，那個位置就會如黃金般耀眼。

換句話說，「黃金般的大地」不是向外追求的，而是透過自身努力才能夠淬鍊出來。

如果對現在的工作或職場感到不滿，請先質疑自己：「我付出的努力是否不夠讓自己發光？」切換想法之後，就會留意到工作上仍然有不足之處，進而找到新的動力。在那瞬間，你現下所在之處，也將如黃金般閃閃發亮。

040

選哪個都好，別猶豫。

── 把自己的「選擇」變成正確答案 ──

如果非得做出抉擇，
就選覺得「有緣」的選項。

商業上，有許多需要煩惱二選一或三選一的場合，之所以會猶豫不決，就是因為雙方或三方各有優缺點。既然這樣就「隨便選一個」，把想法從「選擇」變成「不選擇」。

在佛教中，並不存在二分法的思維，而是認為「A 和 B 的存在都是理所當然」。在這樣的前提下，結論就是「選擇 A 和 B 的交集」，此做法稱為「中道精神」。

抱持這種想法，遇到多元選項時，請先不看報酬等條件，優先選擇有緣分的選項比較妥當。

舉例來說，有兩件委託同時找上你，可按照委託的順序回覆，並說明挪後處理的那件工作需延到何時，假如案主同意就接下。又或是如果一邊是熟識的人介紹，另一邊則透過經紀人等，那就以前者為優先。按照這種方式處理，事後才不會心神不寧地後悔自己選錯。

041

「施」比「受」更有福。

—— 工作順心者的心態 ——

想要「一人獨贏」，是無法成立的。

二分法，其最具代表性的思考方式，就是「輸或贏，二選一」。過去的上班族被分類為「贏家」、「輸家」等，就是根據這種觀念。

現今這時代，更重視「雙贏關係」。若想要分出輸贏，往往是以自身利益為優先。而這種觀念會破壞人際關係，或許到最後才會發現，這樣做對任何人都沒有好處。

佛教的教義，講求「施」比「受」更有福。其根本的思想，來自於「諸法無我」，亦即「這世上所有一切皆依因緣而生，相互依存」。

換句話說，人類是因為其他萬物的存在才得以存在。因此，「利他」很重要；懷有「利他」的心，在工作與人生各方面才會運作順利。

如果認為自己很重要，就必須先學會珍惜其他人。就讓我們一起把心的方向，從自己切換成他人吧！

O42

想法必須單純明快。

—— 凡事簡單思考 ——

能幹的人總是「一語中的」。

缺乏說話技巧的人，即使情況很單純，也會在說明時加入各種不必要的資訊，弄得過於複雜，反而無法將自己想說的重點傳達給對方。

同樣的道理，也適用在工作上。不管看起來多麼複雜的工作，必然存在「只要注意這裡就沒問題」的關鍵。以此關鍵為中心，來俯瞰整體，就能看見自己該做的事。

這種時候，不變的原則是「不計較得失」。一旦開始想著要做有利可圖的事、想避免吃虧，腦子就會一團亂，愈來愈弄不清楚自己應該做什麼。

特別是作為領導者更需要「簡單思考」，因為他們必須經常明確地指出工作的關鍵，以及給予部屬前進方向。

利用「簡單思考」避免屬下搞砸，正是領導者最重要的任務。

043

封印野心。

—— 有了敵人，對方就會以牙還牙 ——

「互相切磋」的關係，是最理想的。

一聽到「野心」這個詞，容易有負面的印象。試著分析這個詞的來源，就會發現它的意思是「山犬或野狼的幼獸，即使是由人類養大也無法馴服，仍有加害飼主的非分之心」。

野心勃勃的人，比較容易會為了出人頭地或賺大錢而不擇手段。比方說，不惜踩著其他人也要升官發財，或是為了自身利益不介意傷害人等，而這種人很容易「樹敵」。

因此，最好要封印野心。行動時，若只考慮到自己，不惜危害他人的話，會有惡因惡果；自己也會變成被排斥的人，失去信用，最後變得孤立無援。

與其這樣，不如記得提醒自己「胸懷大志」，並與志同道合的人，建立互相切磋的關係，相互砥礪培養實力，進而淬鍊人性。

沒有野心只要有志向，反而更能夠與夥伴合作完成偉大的目標。

044

多讀好書。

—— 書中集結先賢的智慧 ——

能夠看見打破煩惱僵局的關鍵。

在工作上發生問題而煩惱時，難道抱頭苦思，問題就能解決嗎？應該不能吧！

我們必須掌握解決的線索，起身行動，否則事態只會停滯不前。在這種時候，我建議嘗試閱讀，順便可以轉換心情。

人類的文明累積到現在，真的是隨手就有很多書可拜讀，包括古籍等三千多年前先賢的智慧結晶、在嚴峻環境中生存下來的先驅紀實文學、為社會帶來諸多利益的偉人成功故事、簡單明瞭說明最先進科學與技術的書、投射各時代社會的小說等。包羅萬象的書籍能夠告訴我們，在自己的人生中無法體驗到的一切事物。

當工作遇到困難時，一本書能夠給予突破僵局的提示。再加上平日就充滿好奇心、喜歡大量閱讀的話，不知不覺就能擁有豐富的知識和資訊，握有解決困擾的武器。

045

忙碌時，
更應該守規矩。

—— 不分心的祕訣 ——

增加兩成的工作法。

擔任住持的同時，我也身兼相當多的工作，在疫情過後，甚至有更多機會飛往海外。很多人擔心我：「會不會太過忙碌？」但我並沒有被逼到無路可走的壓力。

原因一，是佛教所講的「生活有序」。早上起床後坐禪、讀經、打掃、用餐等禪寺工作，本來就有固定時間，其他工作也有一定的排程。也多虧如此，不必思考沒必要的事情，只要時間一到，就確實做好該做的工作。

原因二，是「承接高過自身能力約兩成的工作」。高過三成負擔就太大，但兩成左右會讓人湧上「要做給你看！」的不服輸氣魄。以結果來看，也不會覺得過忙就能達成。

各位如果快被忙碌壓垮時，請記住規律生活，並試著增加兩成的工作量，你會從過度忙碌帶來的窒息感中解放。

046

親近值得尊敬的人。

—— 保護心靈不受誘惑的方法 ——

重視「我想成為像他那樣的人」的心情。

你是否有自己憧憬嚮往、尊敬的對象？是否也有「我想成為像他那樣的人」的對象呢？生活中有這樣的人物存在，是十分重要的。

就如同禪語說的「薰習」一樣，吸收對方的日常行止、工作態度、思考方式等一切，就能夠真正成為對方那樣的人。這句禪語，是出自收納衣物時所使用的防蟲香；把這種香以「疊紙*」包著放在衣服裡，就會薰染上香氣。

遺憾的是，現在已經很少有「住在師父家，藉此學習師父的一切生活方式，而不是只有工作」。不過，我們仍然有機會待在自己敬重的對象身邊，即使無法實際隨待，也可透過影片、演講會、書籍等與對方保持接觸。

無論是多麼了不起的人物，都不要認為高攀不上，主動花心思縮短距離，把對方「當作老師尊敬」，才是最重要的。

＊ 注：疊紙，是指包裹和服所用的厚實高級和紙。

047

把力氣花在擅長的事。

—— 無須克服不擅長 ——

任何人都能成為某領域的專家。

想成為獨立自主的社會人，當然會要求自己具備「平均值以上」的學歷與知識。話雖如此，這種需求應該僅適用於國中，頂多到高中為止吧。高中之後最好是把注意力放在，發展強化自己擅長的事物上。

事實上，沒必要克服自己不擅長的項目。若想要在自己不擅長的領域，做到與其他人同樣的水準，就必須耗費比擅長的人多出好幾倍的努力追趕。

用數字來看，這就像「付出十成努力，好不容易才得到七、八成的結果」。既然這樣，倒不如果決放棄，交給擅長的人去做。

同樣地，若是自己擅長的領域，應該要「付出十成努力，得到十二、十三成的結果」。等有這種領悟時，便能夠從「通才」變「專才」。

048

再一步，
就能改變結果。

—— 不要劃地自限 ——

「百尺竿頭更進一步」的教誨。

每個人都有拿手與不拿手的事物，沒有人是萬能的；同樣地，也沒有人是什麼都不會。但有些人會小看自己，認為自己沒有值得抬頭挺胸的能力。

請更有自信點！不值得炫耀的能力，只要經過打磨也會發光。能否以拿手的事物有所成長，其關鍵在於，「是否磨練了自己仍是原石狀態的能力」。

請別隨意限定了自己的極限。倘若覺得挫折，認為已經到了上限，那就試著換個說法告訴自己：「不對，這裡是起點。」事實上，人到死之前都會成長。

禪僧在學到「百尺竿頭更進一步」的同時，還會學到「修行無止境」。悟道之後，有很重要的任務，就是回到市井把道理傳播出去，而且這項任務沒有終點。

請做好「到死都不要劃地自限」的覺悟吧！

049

以「空無一物的心」面對。

—— 試著忘記「這樣做的原因」——

再沒什麼比「沉迷」更能夠提高產能。

請試著回想小時候，是不是經常玩到忘我？當時的舉動沒有目的，純粹就只是樂在其中。這並不是為了得到稱讚而表現完美，就只是玩耍與心靈合一的狀態。

工作時，經常有人即使一開始沒有打算投入，但隨著工作的進行，漸漸覺得有意思，一回神發現自己廢寢忘食，全心在工作上。而這種時候，必然會得到好結果。

其原因在於，他們沉迷於工作本身，遺忘了「做到什麼程度可以拿到高報酬」、「以這種方式做出成果的話，我的評價也會提高吧」、「這麼費心，一定能夠熱賣」等種種的算計。

有目標固然很好，但設定好目標之後，就暫時忘了它吧！用這種方式掃除邪念，與工作合一，是最理想的狀態。禪宗稱之為「得其三昧」。

050

整理人際關係。

—— 有些忘恩負義也是不得已 ——

理想做法，是「偶而答應」邀約。

在社群平臺發展的推波助瀾，近二十年來，我們變得能夠與更多人建立關係。在這種人際關係中，有很多都是現實生活中不曾見過的人。即使只是網路上的往來，人與人的交流範圍，也已經跨越國界，延伸到難以估計的程度。

你是否也煩惱著「交際應酬太多了，卻又不忍心斬斷這難得的緣分」呢？社交太過活躍的話，往往會變成「光是留言回應『朋友們』的發文、訊息等，就耗費大把的時間」。

若已來到這階段，就必須痛下決心好好整頓。如果是社群平臺，原則上要「停止回應訊息」；如果是現實生活的往來，就訂出規則「就算受邀，只要不想去就拒絕」。

假如人際關係會因回應減少而切斷，便說明了緣分僅僅如此。請記住，「長袖善舞」與「任人擺佈」是兩回事。

第三章

成功的身心
「重置法」

今天起「想要開始」、「想要停止」的事

051

擺脫充滿物品的人生。

—— 「閒置物」會侵蝕心靈空間 ——

工作表現，就從「收拾」開始。

有不少人生活在大量物品的環繞下。例如：幾乎不穿的衣服，塞滿整個衣櫥或衣櫃沒整理；洗好的衣物，在房間裡堆積如山；或是失心瘋買下的東西，幾乎沒用過，囤積在家中某處；抑或是收到的紀念品，塵封在壁櫥裡好多年。

這些物品所佔用的面積比例，可能相當高，耗費了不少地價、房租。而且這種「無意義的開銷」，還會造成家庭收支的壓力，甚至降低你和家人的運氣。

佛教認為，堆放在家裡的閒置物會成為麻煩，也會佔據心靈空間。

當自己的心喪失自由、動彈不得時，包括工作在內的各種表現都會變差。請盡快擺脫「堆積成山的閒置物」吧！

052

遠離勸敗攻勢。

—— 靠現有物品過生活 ——

拒絕受到廣告制約。

現在這世道是商業主義掛帥，從電視到網路、雜誌、報紙等發送的資訊，多半夾帶著廣告。那種「不管你需不需要，我就是要賣」的攻勢，令人嘆為觀止。

並非遇到推銷的商品或服務，全都要閉上眼睛。若真的有需要的話，當然可以參考，並挑選自己用起來順手、性價比好的商品。

然而，分明沒有需求的物品與服務，若貿然觀看廣告的話，很容易會隨便亂買。尤其是網路購物平臺，已經簡便到可「一鍵購入」，所以往往會出現衝動購買的行為，像是「因為便宜，先買再說」、「既然流行，就必須擁有」、「有這個會很方便，買吧」等。

這樣購物會令人上癮，必須時時提醒自己，拒絕受到廣告的制約。請記住，「有也可以的東西，就是沒有也無妨的東西」。

053

時常深呼吸。

—— 安定心靈的最佳習慣 ——

關鍵是「把邪氣吐乾淨」。

禪僧在日常生活中，經常透過坐禪進行深呼吸，其關鍵在於「吐氣」。花時間一點一點慢慢地、細細地吐出綿長的氣息，最後會感覺下丹田，也就是肚臍正下方的位置凹進去。

坐禪的意思，就是「吐出所有邪氣，下一秒自然就會大口吸氣，讓胸腔裝滿新鮮空氣」。最重要的是，「排出引起疾病等的污穢邪氣，吸入充滿天地間公正清明的正氣」。

若覺得坐禪很難的話，坐在椅子上進行也可以，或是站著使用深入丹田的腹式呼吸也行。只要重複進行這樣的深呼吸，會實際感受到身心充滿能量。

根據醫師的解釋，這是因為血管放鬆，血液循環變好的緣故，而且大腦會釋放出放鬆的 α 波、分泌幸福荷爾蒙「血清素」，所以心情會十分愉悅。

054

船到橋頭自然直。

—— 心懷樂觀向前 ——

「努力這個因,將帶來機會」
是解決問題最好的方法。

發生重大問題時,再怎麼煩惱、憂心、手忙腳亂掙扎,也是枉然,且無法可解。

問題若發生在自己身上,多數時候都有辦法可以解決。這聽起來似乎很矛盾,然則有沒有辦法可解,取決於自身抱持著什麼樣的心態。

那麼,具體來說應該要用什麼心態看待呢?首先,消停「必須做點什麼才行」的想法。再者,請停止耿耿於懷「為何會變這樣?」以及慌張地認為需做些什麼而出現兵荒馬亂的反應。

事實上,只要靜下心,面向前方大聲說:「船到橋頭自然直!」接下來,以清醒的腦袋,盡量做自己能做、多少能挽回情況的事即可。持續努力,終將有機會起死回生。

以佛教的教義來說,這就叫做「因上努力,果上隨緣」。遭遇任何情況,只要樂觀向前,全力以赴,一定能夠抓住機會。

055

阻擋邪氣。

—— 切莫得意忘形 ——

學習「心靈護身法」。

江戶幕府第三代將軍德川家光，在領地的東西南北與中央選了五個據點，分別設置五色不動明王，鎮守江戶（東京），祈求天下太平。五色不動明王，是目白、目赤、目青、目黑、目黃，五尊眼睛顏色各異的不動明王總稱，為了鎮壓企圖擾亂太平盛世的叛亂者。家光還在陰陽道中鬼出入的方位「外鬼門（江戶城東北方，神田神社）」，與「裏鬼門（江戶城西南方，增上寺）」設置神社，以阻擋邪氣入侵。

現代社會早已遺忘這種想法，也正因如此，我們更需要在心理上做好「遠離邪氣」的準備。當今這個時代只要稍微一不留意，邪氣就會從某處潛入湊近。

尤其是前途看好的人，往往容易捲入各種惡質的算計中。例如：「被利用去做壞事」、「被設計去奪取利益」等。必須用心保護自己才行，請謹慎行動吧！

056

放下欲望。

—— 真正的富裕是知足 ——

欲望愈厚重，心靈愈寒冷。

物欲若沒有加以控制，將會無止盡地膨脹，不斷想擁有更多新東西。當我們學會在「知足」中找到幸福時，就能夠擁有清心寡慾的生活。

釋迦牟尼曾說：「執著強烈的人，即使把整座喜馬拉雅山都變成黃金，也無法滿足。」的確，有不少人穿著寬大厚重的物欲，但「厚重的欲望」不管穿多少件仍無法滿足的話，表示心靈相當貧瘠。

同樣地，《遺教經（佛垂般涅槃略說教戒經）》長篇佛經中，釋迦牟尼在臨終前最後的訓示：「知足之人，雖臥地上，猶為安樂；不知足者，雖處天堂，亦不稱意。不知足者，雖富而貧。」

換句話說，對現狀滿意的人，不管生活如何，內心都很富足；相反地，對任何事物都不滿足的人，不管過得多麼奢華，內心仍然一片荒蕪。

057

別受流行擺佈。

—— 若要追隨，採「單一重點」即可 ——

重點在於，是否符合自我風格？

時尚是一種「自我表現」的手段，就連僧侶也會藉由穿法衣，展現自己在佛道上的精進。

沒頭沒腦地追隨流行，就像是與「自我表現」背道而馳，可以說是極度缺乏個人風格的行為。

「流行」本是為了銷售所創造出的玩意兒，每年更新才能讓消費者持續購買新東西。銷售方就是帶著這種打算，散播著「今年流行這個顏色」、「本季流行大尺寸衣服」等資訊。假如當真相信且追著流行跑，往往會發生「去年花了不少錢買的衣服，今年不流行了」等狀況。

只要重新體認到「時尚就是自我主張」，根據「是否符合自我風格」來挑選，維持單一重點，不要有太多元素，便不會出錯。以這種方式所買下的東西，才有辦法長久使用。

058

物品也有生命。

—— 閒置物要「放手」而不是「扔掉」 ——

帶著「與人結緣」的想法。

物品其實也有生命，如果想要處理掉閒置物，就讓這份生命長久延續下去，試著替它找出除了「扔掉」以外的其他用途。

大致上可分成兩種方法：一種是「送人」，另外一種是「出售」。假如要「送人」，可先問問周遭的人是否需要。如果是「出售」，可以去參加跳蚤市場，或是利用網路的二手拍賣服務等，有時連甜點盒子、品牌店的包裝紙等東西都能賣。

「自己不要的垃圾，或許是別人的寶物」，東西也是到有需要的人身邊，才會幸福。

如果無法「送人」、「出售」，最後也只好扔掉的話，請勿隨意丟進垃圾桶。務必帶著感恩的心，把東西清理乾淨之後再丟棄，這也是對於閒置物的尊重。

059

不被智慧型手機奪心。

—— 過度依賴手機會迷失自我 ——

可以「利用」，不可以「沉迷」。

現在無論老少，愈來愈多人片刻不離手機，像是互傳訊息、傳送檔案、視訊通話、上網查資料等。智慧型手機儼然成為生活中重要的工具，我們已回不去沒有智慧型手機的時代了。

並非要否定智慧型手機的便利，只是人類似乎完全被智慧型手機「利用」，而失去了自我。若換個說法，就是「把自己寶貴的時間，都獻給智慧型手機」。

同樣是打電動，脫離「享樂」進入「沉迷」的程度，就等於被奪走了心靈，這樣好嗎？不論是社群平臺也好、網路購物也罷，一旦超過限度，就是陷入被智慧型手機操控的狀態。

有自覺的人快趁機提醒自己，「智慧型手機只是工具」，這才是「不被智慧型手機利用」的切換時機。

060

與智慧型手機保持
「物理性距離」。

—— 讓自己和手機都好好休息 ——

替智慧型手機準備睡床。

夜晚必須好好地睡覺，早上才能夠精力充沛開始一天的活動。由衷地希望各位，務必改掉「睡前滑手機」的習慣。

那麼該怎麼做呢？若把智慧型手機擺在床頭邊的話，總會忍不住想拿起來，所以最好痛下決心，規定自己「晚上九點以後不使用手機」。而為了貫徹這一點，可規劃出「難以靠近智慧型手機」的狀態。

比方說，在智慧型手機裡加上「設定不看螢幕的時間」、「關閉通知功能」等限制；或是在離床很遠的地方，設置「智慧型手機的睡床」等順便充電；提示音原則上要關靜音等。

智慧型手機全天候都在工作也會累，晚上就讓它睡覺吧，想必它也會很開心。

061

剛剛好就是最好。

—— 人習慣做過頭 ——

學習遵守「中道精神」。

佛教重視「中道精神」，主張凡事不宜偏向極端，要把注意力放在正中間。

反觀現代人又是如何呢？工作太多、吃太多、買太多……，任何事都傾向「過頭」。工作過度導致身體出問題；心理生病的人愈來愈多；吃太多、酒喝太多造成許多人罹患文明病。

為了避免破壞身心健康，當有「還可以再多做一些……」這樣念頭冒出來時，就是最適合「暫停努力」的時機。

身心不適的人，尤其要時常懷疑自己「是不是哪裡做過頭？」當感到「有些過度」時，請告訴自己「收斂一點」。

用這種方式抑制「做過頭」，同時抓住「剛好就好」的感覺，就不會再給身心造成負擔，也不會努力過度。

清爽過日子。

—— 重點是「無腦收拾」——

房間的狀態，投射出自身內心的狀態。

禪僧們都學過，修行的第一義是「掃除」，保持信心是其次，稱為「一掃除，二信心」。

為什麼要重視掃除呢？掃除的意義，不光是把屋裡和院子打掃乾淨，更是為了「洗滌心靈」。

我們無法直接打掃內心，只能用每天的日常掃除來代替，而這也是最重要的修行。事實上，內心與屋裡的狀態，就像兩塊面對面的鏡子。

至於「無腦收拾」，是指事先決定好放置及收納東西的位置。若可以設定物品的固定住址更理想，這麼一來，就能夠機械式的把東西歸位，甚至不需要思考如何擺放。

這種「物品住址」概念，在家庭就是由所有家人共同遵守，在公司就是所有員工。如此一來，大家便能在乾淨整齊的空間中舒適生活。

063

減少隨身攜帶的物品。

—— 養成整理包包的習慣 ——

大包包會成為心靈負擔。

有些人的包包裡塞著各式各樣的東西，我的朋友中也有這樣的人，不管去哪裡總是隨身帶著很大的包款，還認為這樣不用擔心忘記帶東西。

事實上，大包包反而會在不知不覺中增加內心的不安。原因在於，沉重的包包往往會加深「心靈負擔」。

隨身只帶必要物品出門，身心活動才能夠更輕鬆、更餘裕。

我自己平常就貫徹「盡量只帶極少隨身物品」，不管是去國內外任何地方，也大多只帶著頭陀袋和一個包包就足夠。現在這時代，萬一臨時有需要，去便利商店等什麼都買得到。

試著減少平日的隨身物品，包括出差也是，別再增加內心的壓力。

064

小心衝動購物。

—— 尤其要避開晚上網購 ——

避免物品增加的不變原則。

閒置物增加的原因之一，就是「衝動購物」。在看到某件商品之前，覺得不買也無妨，也沒有想買的念頭，卻在看了一眼之後變得想要。

為了避免增加物品，必須抑制這類型的「購物衝動」。如果是出門採購，第一時間暫時不要買，先去其他店逛逛，或是改天看到時再買。久而久之，「想買」的念頭就會轉淡。

最麻煩的是「網路購物」。由於在家也能隨心所欲重複逛同一家店，再加上「不滿意可退貨」的推波助瀾，不自覺就把商品放入「購物車」，按下結帳鍵。尤其是晚上喝酒後情緒高昂，更難克制「購物衝動」。

請盡量避免晚上網購，若無論如何都得買的話，必須遵守「不喝酒」、「先在購物車裡放一晚，不要立刻結帳」這兩個規則。

065

改掉囤積的習慣。

—— 把便利商店當成自家倉庫 ——

「有需要再買」是基本原則。

在超市經常會看到很多人，推著上下兩層堆滿商品的購物車，在收銀臺前排隊等結帳。我總感到納悶：「有必要買那麼多東西回家囤積嗎？」雖然明白想趁著促銷特賣時大量採購的心情，但這樣做真的能省錢嗎？因為那些東西買回家後，有可能因吃不完而造成浪費，或是用不完變成垃圾。

京瓷創辦人稻盛和夫先生，曾經寫書暢談公司的經營，其中他提到自己很努力「盡量減少庫存」。而決定這麼做的起因，是看見母親為了撿便宜，買回家囤積的菜最後吃不完而爛掉，只好在院子裡挖洞掩埋。也因此，他學到「買回家囤積反而更貴」。

現在路上到處都有便利商店和藥妝店，這些地方的價格或許偏高，但何不將那些店當成是「自家的庫存倉庫」呢？

建議把「有需要時再買」當成基本原則，只在必要時購入必要的東西。

066

減少用紙。

—— 數位和紙本要看場合使用 ——

儘管進入數位時代，
紙本還是會依情況需要。

在科技不斷發展下，商業界近二十年也開始推行「無紙化」、「紙張極簡化」。其目的在於，將原本是紙本的文件、資料等電子化後應用，提高業務效率，並降低成本。

然而，實際情況卻是雷聲大雨點小。未經整理的紙本資料，亂糟糟地堆放在辦公桌四周，這種多年來不曾改變的辦公室景象，似乎也遲遲沒有絕跡。這恐怕是因為「紙本有紙本的好處」。

我在進行庭園設計或寫書時，最後確認也是要求在紙上進行。除非客戶表示過程中的工程等要數位化保存，才會數位化。

最重要的是「配合情況使用」。如果想要整齊的辦公桌環境，以清爽的心情工作，就盡可能將資料數位化。如果是以紙本執行更方便、品質會更好的工作，就保留紙本。

067

「環保意識」
能提昇生活品質。

—— 別污染了地球 ——

不要弄髒家裡、職場，以及自己的心。

家中疏於打掃、到處都是垃圾，其實就是沒有好好珍惜食品和物品的反撲，當然心靈也可能遭到腐蝕。

在大量消費已經式微的現在，為了地球環境著想，請提高「盡量避免製造垃圾」、「不使用會變垃圾的東西」等環保意識。最近的公寓大樓也嘗試設置大型堆肥場等，試行環保策略。

舉例來說，我們禪寺就在致力於「盡量讓廚餘回歸土裡」。除了沾到清潔劑或含油等對土地負擔大的東西之外，我們會將廚餘放入大木桶，等累積到某種程度，就在地上挖洞掩埋。廚餘回歸土裡之後，最終能使得土壤鬆軟，讓蔬菜和花朵茁壯。

「環保意識」有助於打造乾淨的社會，以及高品質的生活，更能夠淨化人心。垃圾的增減，取決於每個人的自由心證，讓我們一起提高環保意識吧！

068

愈著急愈需要休息。

—— 小歇一下，可提昇工作品質 ——

能幹的人懂得「適時放空」。

有些公司設有員工可自由使用的樓層，當感到疲倦時，可以到那裡短暫休息。一天安排兩三次的小歇時間，更能夠提昇工作效率。

儘管情況因人而異，一般來說，專注力和耐力通常都難以持久。工作的時間愈長，處理的速度就愈慢，工作品質也會下降。

「我沒日沒夜的工作，卻還是做不完」、「花了很多時間，仍然沒有半點成果」像這種時候，問題可能就是「缺乏適度休息」。

急著做出結果時，人往往想著：「沒有那個閒工夫休息！」事實上，這想法錯了。適度的休息五分鐘、十分鐘，能讓自己重新恢復精神，提高工作效能和品質，還能從一時的低潮情緒中復原。

千萬不要持續專注在工作上，偶而也要安排「放空發呆」的小憩時間。

069

飯吃七分飽。

—— 在「還可以再吃一點」時停下來 ——

吃太快，有害身體。

吃東西速度快的人，很容易飲食過量。原因在於，「飽足」的訊息送達到大腦之前，都以為自己「還可以再多吃一點」。進食時，試著放慢速度，大腦才能夠捕捉到「吃飽」的訊息，防止暴飲暴食。

其中一個方法，就是養成「吃完一口，就放下筷子仔細咀嚼」的習慣。這樣做能夠防止在吞下食物之前，一口接著一口，不停地把食物往嘴裡送。

我也曾經因為不曉得客人何時會上門，必須在能吃的時候快點吃，因而囫圇吞棗。為了不要重蹈覆轍，我時常提醒自己「吃飯慢慢吃，吃到七分飽就放下筷子」。

酒也一樣，要在「還可以再喝一杯」的階段，就放下杯子。吃喝過量，對身體來說都是毒。請好好學會控制食欲、酒欲吧！

070

培養緣分。

—— 那是「幸福的種子」 ——

得失也別太計較。

人生就是不斷在重複思考、煩惱自己應該怎麼做？當有這樣的苦惱時，大致上都是在多個選項之間搖擺不定。至於為什麼會搖擺？就是因為我們想用「二分法」做選擇。

具體來說，人在行動前就會評估「賺不賺錢？」、「對未來有壞處或好處？」、「好評或負評？」、「是否有明確的成果？」、「能否建立良好人脈？」看看會有什麼樣的利弊。

所有事情沒有做過，都不會知道結果。與其每件事都評估損益，最好的辦法是「隨緣」。

以工作為例，按照接案順序處理，不問條件好壞，珍惜「優先找上門」的緣分並全力以赴，情況就會往好的方向發展。反觀優先處理條件好的工作，很多時候反而不順利。

無論如何，「找上門的緣分」可說是「幸福的種子」，只要用心培養，最後終將能結出美好的果實。

071

學習感受四季的變化。

—— 大自然能消除壓力的毒素 ——

即使在都市裡，也要親近大自然。

人類自古以來就是遵循天道而生，畢竟人也是大自然的一部分。然而，隨著文明發展，地球逐漸遭到破壞，生活在都市的現代人，多半住在遠離大自然的人造世界。而這也成為一大壓力，無怪乎會引起身心不適。

請重新認知自己是「自然界的一分子」，並且在休息時間或休假時，離開成天開著空調的房間，盡可能接近大自然吧！

即使住在都市中，只要向戶外跨出一步，也能夠用身體感覺冬天的寒冷、夏天的酷熱、秋天的涼爽與春天的溫暖。透過反映四季變化的花草樹木，來治癒心靈，生命力也會日漸增長。

大自然能夠吸收人類日常累積的壓力，同時消除疲勞的「毒素」，還具有切換開關的功能。每天長時間待在禪寺及各種庭園的我，感受尤其深刻。

072

坐禪減壓。

—— 最理想的身心更新法 ——

早晚各一次、每次十分鐘，
切換身心狀態。

禪僧每天都會坐禪，而坐禪是平心靜氣、鍛鍊精神的最佳修行方式。坐禪講究「調身、調息、調心」，也就是調整姿勢、呼吸、心靈。

所謂「調身」，是指以正確姿勢打坐，從側面看脊椎呈現 S 形，尾椎與頭頂成一直線。所謂「調息」，是指一分鐘緩慢呼吸約三～四次。

當「調身」、「調息」的動作正確的話，接著就能夠「調心」，亦即心靈會自動校正。

每天可安排坐禪時間，早晚各一次，每次十分鐘。早上坐禪能放鬆緊繃的身心靈，自然而然進入活動模式；晚上坐禪可以消除煩惱與不安，幫助熟睡。

此外，當工作遇到瓶頸或感到疲憊時，找個方便獨處的場所坐禪，能夠更新身心狀態，順利切換開關，有助於提昇工作效率。

073

空出一段
面對自己的時間。

—— 練習早晚合掌 ——

每天在心中與精神支柱對話。

非常推薦大家試著養成「早晚坐禪」的習慣。

我早上醒來第一件事，就是燒開水，泡一杯香氣濃郁的熱茶，默念：「這是今天第一杯茶。」供奉在佛前。接著對佛像合掌，在心中對祂說：「我今天早上也順利起床，感謝您。我今天計畫要做這些事，也會全力以赴，請保佑這一天平安度過。」晚上睡覺前，我也同樣對佛祖說：「感謝您的保佑，讓我今天能夠平安順利結束一天。」

安排這樣短暫的時間整理心靈，能夠精神飽滿面對新的一天。

試著在家規劃出一處，與自己精神支柱交心的空間。並且養成早晚合掌的習慣，能夠以安穩的心度過一天。

074

養成以「真我」示人的習慣。

—— 捨棄虛榮，人生更輕鬆 ——

請停止切換「真我」和「假我」。

大多數的人都希望，自己在別人眼裡過得很好、評價很高。這樣的心情能理解，卻也本末倒置。為什麼自己的行止標準是「他人的目光」呢？

假如因顧慮他人的目光，而裝腔作勢，問題就更大了。因為所展現出來的不是「真實」的自我，而是「謊言」裝飾的自我。真實與偽裝的落差只會愈來愈大，最後變得進退不得或陷入低潮，怎麼看都不會有好結果。

因此，當起心動念想要「在別人眼裡看起來很好」時，請這樣告訴自己：「我就是我，不需要更多，也不缺少什麼。」

與人相比的結果如何，或是社會價值觀如何，這些都不重要。裝腔作勢、偽裝自己都太累人，以「真實的自我」去思考、去行動比較輕鬆，也會更自在。

075

把年齡遺忘掉。

—— 隨著時間變老還太早 ——

「活到老，學到老」這樣很好。

每個人都會變老，不論是生理上或腦力上，終將逐漸衰退，因此感嘆年老體衰是沒有意義的。只不過，可別連「心境」也跟著老化，否則難以擁有充實的人生。

我們試著將年齡的算法改成：「年過六十之後，每增加一歲，心理年齡就要減一歲。」假設實際年齡是六十五歲，心理年齡就是五十五歲；七十二歲的話，心理年齡就是四十八歲，八十歲的人心理年齡就是四十歲……以此類推。

這麼一來，就能夠湧現挑戰新事物的欲望，也不會出現「這把年紀做這種事會被笑」、「都這個年紀了，不應該做那個」等消極的想法。

「活到老，學到老」，人生到死都還能夠學習。勇敢挑戰新事物、累積新知與經驗，幫助自己持續成長吧！

第四章

＼

看禪語學習
「切換力」

清爽慢活的人生提示

076

隨時澆息衝動的情緒。

—— ㊙且坐喫茶 ——

讓發熱的腦子，冷靜下來。

我們會用「腦子一熱」來形容，憤怒或興奮時，血液湧上大腦，進而做出莫名其妙的行為。

若繼續維持這種狀態，無論做什麼都不會順遂。因此，必須暫時讓腦袋冷靜下來，重振態勢。

而這句禪語，就是「讓腦袋冷靜下來」的方法之一，意思是「先喝杯茶，小歇一下如何？」

易怒的人、容易驚慌失措的人，尤其要記得「善用小歇的機會」。心態不夠從容就採取行動，很容易會陷入進退不得的惡性循環。

別吝於休息，慢慢地啜茶，重整態勢，是讓工作更有效率的方式。而且茶也是幫助切換腦袋的靈丹妙藥。

077

「追究錯誤」
反而會搞砸一切。

—— ㊙直心是道場 ——

將心態轉變成「這也是修行」。

在此介紹一則與這句禪語有關的小故事——

修行者光嚴童子，偶然遇到世人認為最通曉佛教奧義的維摩居士。童子簡單問候之後，問道：「維摩大師，您今天從哪兒來？」
維摩說：「從道場來。」
童子納悶地想：道場？大師不是在家修行嗎？
於是，他接著又問：「哪裡的道場呢？」
維摩回答：「真實的心也是道場，定心後付諸實踐追求道也是道場。」

換句話說，修行並不需要特別的道場，日常生活的一切行動都是修行。

反觀各位又是如何呢？工作不順時、周遭沒有給予好評時，是否會歸咎於環境不好或旁人不懂欣賞等原因？

如果是維摩居士，大概會說：「最重要的是熱衷地投入，與環境或條件都沒有關係。」

078

沒有什麼不能失去。

—— ㊣無一物中無盡藏 ——

所有人最終都會歸零。

禪語「本來無一物」，是指每個人都是兩手空空來到這世上，正是「無一物」的狀態。死時也一樣，生前得到的一切都必須留在這個世間，以「無一物」的狀態前往西方極樂世界。

這麼一想，對現在的地位、年收入、工作成就、房子、衣服等一切的過度執著，也會跟著消失吧？念頭一轉，也就能夠接受「失去所有的人，只是回到剛出生的狀態而已」。

值得欣喜的是，還有另外一句禪語「無一物中無盡藏」，意思是「什麼都沒有，也就代表未來有無限可能」。

各位即使遭遇不順，也無須煩惱，不妨把心態切換成「只不過是回到兩手空空的狀態而已，今後我有可能成為任何人」。像這樣就能夠面向前方，用力重新踏出一步。

079

接下來
才是勝負的關鍵。

—— 禪 白圭之玷，尚可磨也 ——

隨時轉換心態，成長沒有極限。

禪宗的修行沒有盡頭，各位的工作也一樣吧！
不管如何磨練知識、技能，應該都不會產生「已
學完了」的想法。假如認為自己學夠了，就會
在那一刻開始停止成長。

倒不如說，在我們覺得「已經到達想要的高度」
那一刻，才是更進一步淬鍊自己的起點。

「白圭」是指潔白的美玉，而且是沒有半點瑕
疵、不需要繼續打磨的美玉。如此完美的玉石，
只要進一步打磨就會變得更美，因此不可以偷
懶，這便是這句禪語要告訴我們的教誨。

工作也是，運動和才藝也是，持續努力之後，
如果覺得「做到這種程度夠了吧」而決定妥協
的話，就試著切換想法「不對，接下來才是勝
負的關鍵」。

這種氣魄能幫助每個人，將自己心中懷有的美
麗「佛性」，打磨得更加閃閃發光。

080

笑看困難，其實不難。

—— ㊇一笑千山青 ——

掃除煩惱的薄霧，看向前方。

這句禪語，按照字面上的解釋，是指「大笑著吹散遮蔽視野的薄霧，眼界就會變得開闊，可看見鬱鬱蒼蒼的青山」。有種豪情萬丈的暢快印象，在眼前豁然展開。

禪宗以「千山」象徵佛祖的訊息，意思是「一旦悟道，眼前的世界就會打開，萬物復甦」。

假設遭遇到困難，馬上就悲觀地想：「如果變成這種情況該怎麼辦？」或是對過去的事情感到後悔「早知道應該這樣做」，往往會陷入負面思考。而真正折磨自己的，也是這種思維。

即使感到勉強，還是放聲大笑吧！大笑能夠吹散盤旋在腦海中的煩惱和不安，最終將清楚看見應該前進的路。

笑能夠改變心情，更能改變看見的風景，這正是「笑」帶來的最大效果。

081

全部取決於自己。

—— ㊂牛飲水成乳，蛇飲水成毒 ——

心態能夠大幅改變結果。

這句禪語直譯就是「同樣是喝水，牛喝了變成牛乳，蛇喝了變成蛇毒」，引申為「真理只有一個，卻會因為解釋而大大改變作用」。

以工作為例，假設有一項企劃案，分別交由Ａ、Ｂ、Ｃ三人各自花心思處理，最後會得到相同的結果嗎？課題的選擇方式、做事方式、結論的歸納方式等，三個人就有三種方法，因此不可能出現相同的結果。

話雖如此，問題不在於三人做出的成果之中，何者是正確答案。三人各自接下的同一個企劃案「如何努力產生牛乳」，換言之，如何導出對眾人有益的結果，這才是重點。

即使相同的邂逅、經驗，自己的心態也足以將情況轉好或轉壞。在採取行動時，必須努力以「製造牛乳」的心態面對，即使出錯也別做出「對世界有毒、對人有毒」的行為。

082

未來是今天的創造。

不回想過去，不擔憂未來。

一聽到「頓悟」，或許會覺得那是距離自己很遙遠、伸手無法觸及的境界。然而，這是很大的誤會；其實「頓悟」就在「眼前」，所以禪宗才會說「專注在今天」。

我們必須經常將「今天是過去的結果，未來是今天的結果」這道理，銘記在心。

一旦養成這種想法，就會明白放不下早已發生且無法改變的過去、擔心接下來將新創的未來，有多麼的沒有意義。

對過去耿耿於懷、對未來憂心忡忡時，請複誦「深知今日事」這句禪語，這樣就能夠立刻把想法切換成「盡全力在眼前的事物上」。

083

前進的路不只一條。

—— ㊣大道在目前 ——

重點在於，不迷失終點。

有一天，弟子問趙州禪師：「走哪條路能夠抵達長安？」弟子本以為禪師會指出一條路線，沒想到得到的回答竟然是：「每條路都能夠抵達長安。」

在這篇小故事中，禪師想表達的是「並非只有一種修行方式能夠擺脫迷惘、領悟真理。只要腳踏實地修行，培養出看清真相的眼力，無論走任何一條路，必然能夠抵達悟道的境界」。

陷入瓶頸或迷失自己該走的路時，首先要拋棄「只有這條路可走」的執念。這麼一來，視野也會變得寬廣，並留意到其他不同的選項。

當這條路行不通時，就改走其他路試試，只要終點還在就用不著擔心。就像富士山也有許多不同的登山口，想要成就一件事，無須堅持一個入口。

卡關時，嘗試看看其他的路線吧！

084

逆風是前進的助力。

—— ㊪逆風張帆 ——

看出風的角度，正面對決吧！

「順風揚帆」這句話，是在形容船帆被風吹得鼓起，就能順風迅速前進。引申為「事情進展順利」。

那麼，逆風時的情況又是如何呢？一般來說，帆船會收起船帆，並想辦法停在原地；或是被風吹得節節後退。通常不出這兩種情況。

不過，現實的狀況，則是逆風時也能夠讓帆船前進，配合風的角度調整船帆張開的方式，採「之」字航線就能夠前進。

人生有逆境的時候，千萬不要放棄邁進，只要費點心力，就能把逆風變成順風。別因為逆風就退縮，帶著正面對決的氣魄挑戰吧！

085

人生沒有無用的經驗。

—— ㊅夏爐冬扇 ——

任誰都有「懷才不遇」的時候。

夏天不需要暖爐，冬天不需要扇子。然而，當季節從夏天變成冬天時，少了暖爐就無法忍受寒冷；當冬天變成夏天時，沒有扇子就會熱到受不了。

當下不需要的東西，可能會在季節轉換後，變成派得上用場的寶物。

人也是如此，每個人都有「懷才不遇」的時候。遇到無法施展才能的低谷，必然會感到不甘心，或許還會認為這樣的經驗對於自己描繪的未來，毫無用處可言。但是若因此灰心喪志，一切也就到此為止了。

持續自我鑽研、兢兢業業做好現下該做的工作，被埋沒的能力終將能派上用場，充分利用過往經驗的時刻也會到來。

請相信「經驗絕非無用」，持續努力吧！

o86

相信滴水穿石的力量。

—— ㊣少水長流如穿石 ——

努力總有一天會得到回報。

這句禪語出自於《佛遺教經》，這部佛教經典集結了釋迦牟尼涅槃前留下的最後教誨。其意思是「即使是小小的水流，只要源源不絕持續涓滴，時間一久，也能夠洞穿堅硬的石頭」。

當聽到這句話時，我想起動員超過一千萬人的「黑部水壩」建設計畫。透過 NHK 電視臺的紀實節目，每次都因為「居然有膽量挑戰那樣的難題，集結眾人小小的力量成就大事」而再次感動。

每當感到有什麼巨大的障礙擋在前方時，我就會想起這句禪語，並堅信：「無論多困難、多艱辛的事，只要每天持續努力，總有一天必然能夠得到回報。」

只是一小步也無妨，持續往前走吧！

087

凡事都要自己做決定。

—— ㊣隨處作主，立處皆真 ——

從「被動去做」變成「主動想做」。

這句禪語的原話出自臨濟禪師，意思是「無論何時都不要迷失『真我』，自己主動行動，才能夠永遠做出正確的事」。

那麼，「自己主動行動」又是什麼意思呢？亦即全然無私的心，在不知不覺間感應到「緣分」並採取行動。簡言之，沒有半點勉強，不受任何人的強迫，也不給旁人製造麻煩。

以這句話當作座右銘的話，不管是工作或其他方面，就不會有「被強迫」的感覺，也能夠擺脫「我不想做，但上司叫我做，我只好做」或「我想這樣做，大家並不認同，我只好放棄」這類的制約。

把看待工作的方式，從「被動去做」轉換成「自己主動想做」。如此一來，不僅能減輕「被迫」帶來的壓力，即使遭遇失敗或不順遂，也不會歸咎於他人，能夠活出自己的人生。

088

好事壞事終有盡頭。

—— ㊣諸行無常 ——

順勢而為，可使人生好轉。

「諸行無常」是佛教的根本思想之一，意思是「這世間發生的所有一切，片刻不停留」。

以生命來說，就是時時刻刻都在變化，最後迎向死亡。

自己所處的環境、每天發生的事情，也是無時無刻都在變動，然則人類似乎很難接受改變。不管順利或不順，人們總認為「狀況會一直持續」，想法與「無常」正好相反。

問題是，即使有著相反的想法，不管如何掙扎，都無法改變「無常」的發生，因為那就是真理。因此，我們要先接受「無常」並順勢而為。

當自己的觀念能夠切換成「諸行無常」，並接受「不管好事或壞事，都不會持續下去」時，事情就會往好的方向發展。與此同時，不會再有一連串的好事使人欣喜若狂，或一連串的倒楣事讓人感到沮喪，心靈也就能夠找到平靜。

089

停止一切
毫無根據的信念。

—— 禪 莫妄想 ——

妄想猶如鬼魅一般。

禪宗以「妄想」來形容一切寄宿在心中不離開的想法，並主張「莫妄想」。

一聽到「妄想」，或許會想像是「毫無根據的信念」或「不可能發生的幻想」。

然而，此處的「妄想」意義再更廣，像是對未來的不安、對過去的懊悔等。這種隱約存在的想法沒有實體，頂多只是胡想。

一個人會耿耿於心，九成都是因為對過去的後悔與對未來的不安所驅使。如果知曉那是沒有實體的瞎想，就會察覺自己的糾結很傻。

請試著找出自己為何感到不安、為何覺得痛苦、為何難受、為何低潮的原因，思考：「現在應該做什麼？」這麼一來，就能重新振作精神，活力充沛地踏出下一步。

090

名利虛幻如泡影。

—— ㊣名利共休 ——

擺脫欲望的思考法。

這句禪語的意思，是指「斬斷追求功名利祿的念頭」。不過，名與利都是得到會很開心的東西，為什麼不能追求呢？

因為「名利」一旦曾經得手，失去後會更執著；不僅如此，「想要得到更多」的欲望，也會無止境地膨脹。

最糟糕的是，當沉迷在「名利」之中而熱衷賺錢，對周遭的態度就會變得傲慢，也有失去人望的危險。「名利」說起來很虛幻，什麼時候消失也不奇怪。

擁有「名利」也不要「執著」。先心懷感激地收下讚美後，立刻恢復平常心。只要擺脫「名利欲望」獲得自由，做好眼前的事就好。

順便補充一點，一代茶聖千宗易的號「利休居士」，據說就是來自這句禪語。從樸素的茶室中看見美麗的千利休，或許是將自己該有的姿態投射在這個名字上。

091

有時將一切交給天。

—— ㊣行雲流水 ——

更「放鬆肩膀」的生活方式。

飄浮在空中的浮雲、蜿蜒在山間的河流，都是順著大自然的發展而移動，不會停留在固定一處，也不會留下「曾經待過那裡」的蹤跡。

人也一樣，放鬆肩膀，以最自然的姿態清爽活著，不拘泥於一定要留下足跡，正是最理想的狀態。

現代人都有肩頸過於緊繃的症狀，尤其是遇到困難的時候，太想要扭轉事態，就會不自覺焦急掙扎。

肌肉要保持柔軟有彈性，沒必要的用力只會使身體僵硬，甚至奪走思考的彈性，陷入腦子一片空白的狀態。就像溺水一樣，「愈掙扎，身體愈往下沉」。

請時常提醒自己放鬆肩膀，抬頭仰望天空，並想著「時運天註定」。大腦就會恢復運轉，情況也會往好的方向改變。

092

無視雜音。

—— ㊙水急不流月 ——

保有堅定不搖擺的中心思想。

這句充滿詩意的禪語，彷彿在形容月亮倒映在河面的美麗，事實上意旨：「不管河水流動多湍急，倒映在河面的月亮也不會隨波逐流，而是和平常一樣慢慢地、緩緩地從東邊移動到西邊。請保有和月亮一樣的『不動之心』。」

禪宗經常以「月亮」來比喻「真理」。即使經過幾千年歲月，不管周遭環境如何改變也不動搖，可稱為「信念」。

在變化劇烈、經常要面對大量資訊的現代，很難保有如河面月亮一樣的不動之心。我們往往不自覺就會跟隨流行、迷失自我，或是被四周雜音迷惑而變得寸步難行，生活中充滿動搖自身信念的危險。

當感覺自己快被「時代的潮流」沖走、發覺信念就快被「四周的雜音」淹沒時，請想起「水急不流月」，以及月亮絲毫不動搖的姿態，心中的焦慮就能夠被撫平。

093

我不入地獄，
誰入地獄。

—— ㊡他不是吾 ——

你是否摘掉了自己「成長的芽」？

這句禪語直譯是「別人不是我」，其背後的故事就是「道元*年少時的經驗談」。故事發生在道元前往中國，開始在天童山的如淨麾下修行時，他看到一位老典座（負責餐點的僧侶）汗流浹背在毒辣的夏日陽光下曬香菇。

道元問道：「他們為什麼讓你這樣的老人家做這麼辛苦的工作？怎麼不讓年輕人來做？」

老典座回答：「他不是吾。」

換句話說，「別人不是我，我透過這份工作在磨練，若交給其他人，就不是我在修行了」。

有時會聽到有人抱怨：「那些雜事不是我的工作。」這種態度只會展現出自己的無禮，不僅如此，也等於是摘掉了自己成長的芽。

學習接受任何工作，才能夠使自己成長。

---

* 注：道元，日本鎌倉時代著名禪師，將曹洞宗禪法引進日本，為日本曹洞宗始祖。

094

扔掉企圖。

—— ㊙無功德 ——

請不要停止任何援助。

接下來，容我跟各位介紹，有個禪宗問答「達磨無功德」。

釋迦牟尼底下第二十八代的法孫達磨祖師，從印度走海路到中國弘法時的故事。當時的中國是梁武帝時代，達磨祖師受到篤信佛教的皇帝邀請入宮，在宮裡有了這場問答。
梁武帝問：「朕一生建寺廟、度僧、布施、設齋，有何功德？」
達磨回答：「實無功德。」
梁武帝心中想必十分不滿：「朕做了這麼多，你膽敢說朕沒有累積任何功德？」

然而，達磨祖師為何會如此回答呢？那是因為到處宣傳自己做過的事情，或期待他人回應，就稱不上是真正的善行（功德）。真正的善行，是來自不求回應的無心、出自真心的信仰。

不管是工作或其他任何事，只要有想得到回應的「企圖」，就不可能順利。請記住，「結果自然成」。

095

晚一點再低潮。

—— ㊇真玉泥中異 ——

快陷入自我厭惡時，請務必提醒自己。

這句禪語的意思，是指「真正的寶石，即使在泥濘中也不會失去光輝」。

我們必須從中領悟到，「每個人天生具有的光芒，無論在任何狀況下都不會褪色」。

有許多人不滿自己現下的處境，也有不少人怨歎時運不佳、懷才不遇，但我們無須因此就認為自己是廢物，而感到灰心喪志。

每個人內心的佛性，在任何狀況下都能閃閃發亮。就讓我們晚一點再低潮，先想想此刻、這瞬間能夠做些什麼。

以這種態度面對眼前的事物並全力以赴的話，情況終將會好轉，自己天生的光輝也會甦醒成「肉眼可見的形式」。

096

不需要與任何人比較。

—— ㊩山是山，水是水 ——

**山是山，水是水，你是你；
誰也無法取代誰。**

山無法成為水，水也無法成為山。正因為山就是山，水就是水，大自然才能夠取得平衡。

人類也是如此。照著自己的天性做自己該做、想做的事，才是與大自然取得平衡的生活方式。

從這個觀點來看，與其他人比較，因而感到怨恨、嫉妒、陷入自我厭惡，都是違反自然天道的行為。眼睛老是看著別人出色的地方，反而看不到自身的長處，以及自己做得到的事，最終將會失去自我風格。

請停止比較吧！嫉妒消失時，才能夠清楚看見擅長什麼、不擅長什麼，接著再把焦點擺在自己拿手的事物上。

至於不拿手的事，就交給其他擅長的人去做。這麼一來，便能夠突顯自己擁有的「山是山，水是水」的個性而活下去。

097

明白之前，
放著不管就好。

—— ㊽狗子佛性 ——

如何面對「沒有正確答案的難題」？

臨濟宗的禪修，會把重心擺在公案，也就是禪學問答上。公案中，最具代表性的就是「狗子佛性」這句禪語。

一位修行僧詢問趙州和尚：「狗有佛性嗎？」趙州只回答一句：「無。」

佛教認為「一切眾生悉有佛性（萬物皆有佛性）」，也因此一般以為答案應該是「有」。那麼，為何趙州和尚會回答「無」呢？

他的意思多半是指：「判斷有或沒有這件事本身，就證明了你對現實仍然過於執著，距離悟道還差很遠」。

我們不清楚正確答案是什麼，但這樣也無妨。公案原本就沒有正確答案，只能等待悟道的時機成熟，在此之前，就是不停地思考。

所謂「悟道」，是指接納並認同事物真理的必經過程。

098

變老並非壞事。

—— ㊌閑古錐 ——

上了年紀就像增添一層「古銀」的光芒。

大概是從五十歲過後開始，我覺得「變老十分討厭」，也強烈地認為「不想輸給年輕人」。然則不管如何掙扎，年紀仍舊會一年比一年多增加一歲。

因此，放棄掙扎吧！最重要的是，轉換心情，邁向「閑古錐」之路。

「閑古錐」是指使用舊的錐子。由於使用太過頻繁，舊錐子的錐尖也跟著磨圓變鈍。當習慣它握起來的手感時，用起來便揮灑自如，老練的技術足以彌補錐尖不夠銳利的問題，要做出作品依然綽綽有餘。

同樣地，人隨著年齡增長，累積下來的經驗也變得豐富。經歷那麼多行動力、判斷力、洞察力的磨練，技術已臻成熟的境界。儘管體力和氣勢不如年輕一輩，卻有著年輕人無法模仿的豐富內涵。

只要具備隨著年齡提昇的「資深者能力」，變老就不是件壞事。

099

學習相信自己。

—— 禪 自燈明，法燈明 ——

打造不被任何事物迷惑的眼。

這句禪語是釋迦牟尼入滅前夕所留下的。

弟子問：「我們該跟隨什麼活下去才好？」
釋迦牟尼回道：「即使我不在了，我的教誨也
會留下。依隨真理，時時捫心自問：『我的行
為是善還是不善？』」

「自燈明，法燈明」的「自」就是自己，「法」
是佛法的意思。也就是說，相信過去的經驗與
學習修得的智慧，會依隨自己活下去。

多麼深遠的一句話！為了能夠以自己為依歸，
首先要培養出能夠看清本質、不被任何事物迷
惑的眼，進而打造出值得信賴的自己，這點比
什麼都重要。

別對每件事都有反應2：不執著的練習

作　　者｜枡野俊明 Shunmyo Masuno
譯　　者｜黃薇嬪 Weipyn Huang

責任編輯｜許世璇 Kylie Hsu
責任行銷｜朱韻淑 Vina Ju
封面裝幀｜許晉維 Jin We Hsu
版面構成｜黃靖芳 Jing Huang
校　　對｜葉怡慧 Carol Yeh

發 行 人｜林隆奮 Frank Lin
社　　長｜蘇國林 Green Su

總 編 輯｜葉怡慧 Carol Yeh
日文主編｜許世璇 Kylie Hsu
行銷經理｜朱韻淑 Vina Ju
業務處長｜吳宗庭 Tim Wu
業務專員｜鍾依娟 Irina Chung
業務秘書｜陳曉琪 Angel Chen
　　　　　莊皓雯 Gia Chuang

發行公司｜悅知文化　精誠資訊股份有限公司
地　　址｜105台北市松山區復興北路99號12樓
專　　線｜(02) 2719-8811
傳　　真｜(02) 2719-7980
網　　址｜http://www.delightpress.com.tw
客服信箱｜cs@delightpress.com.tw
ISBN：978-626-7537-68-8
初版一刷｜2025年01月
初版三刷｜2025年03月
建議售價｜新台幣330元

國家圖書館出版品預行編目資料

別對每件事都有反應2：不執著的練習／枡
野俊明著；黃薇嬪譯. -- 首版. -- 臺北市：
悅知文化精誠資訊股份有限公司，2025.01
224面；12×19公分
ISBN 978-626-7537-68-8（平裝）

1.CST: 人生哲學

191.9　　　　　　　　　　111020996

建議分類｜人生哲學、人文社科

SHIGOTO MO NINGENKANKEI MO UMAKUIKU
HIKIZURANAI CHIKARA by Shummyo Masuno
Copyright © Shummyo Masuno, 2024
All rights reserved.
Original Japanese edition published by
Mikasa-Shobo Publishers Co., Ltd.
This Complex Chinese language edition is
published by arrangement with
Mikasa-Shobo Publishers Co., Ltd., Tokyo in
care of Tuttle-Mori Agency, Inc., Tokyo,
through Future View Technology Ltd., Taipei.

本書若有缺頁、破損或裝訂錯誤，請寄回更換
Printed in Taiwan

悦知文化
Delight Press

線上讀者問卷 Take Our Online Reader Survey

擺脫無謂的工作與人際關係，擁有順遂人生的99個禪練習！

―――――《別對每件事都有反應2：不執著的練習》

請拿出手機掃描以下QRcode或輸入以下網址，即可連結讀者問卷。
關於這本書的任何閱讀心得或建議，
歡迎與我們分享 ☺

https://bit.ly/3ioQ55B